HORIZONS

© 2025 Alice Machado – La toile du temps

ISBN : 978-2-3226-3546-7

Édition : BoD · Books on Demand,
31 avenue Saint-Rémy, 57600 Forbach,
bod@bod.fr
Impression : Libri Plureos GmbH,
Friedensallee 273, 22763 Hamburg
(Allemagne)

Dépôt légal : juin 2025

Alice Machado

HORIZONS

PHILOSOPHIQUES
POÉTIQUES
FABULEUX

⌜La toile du temps⌟

Pour contacter l'auteur

alice@alicemachado.com

alicemachado.com

Conception graphique

Gilles Arira

© 2025 Alice Machado – La toile du temps – Paris

ISBN : 978-2-3226-3546-7

« La culture est une force vivante, palpitante, qui se transforme et s'exprime de manière surprenante, en abolissant les frontières du possible.
Elle nous permet d'explorer la réalité avec un œil libérateur, en saisissant des nuances et des émotions que nos sentiments, seuls, ne sont pas en mesure de capturer. C'est un mouvement comparable à l'énergie cosmique. »

Alice Machado

PROLOGUE

Les horizons sont les lignes qui délimitent notre champ de vision, là où le ciel et la terre semblent se rencontrer. Ils sont une invitation au voyage, à la découverte, à l'exploration de l'inconnu.

Les horizons peuvent être lointains, presque inaccessibles ou proches, à portée de main. Ils peuvent être dégagés, offrant une vue imprenable sur un paysage grandiose, ou obstrués, cachant des secrets et des mystères.

Les horizons sont aussi une métaphore de nos propres limites, de ce que nous connaissons et de ce qui nous reste à découvrir. Ils sont une source d'inspiration, un appel à dépasser nos frontières, à élargir notre espace.

Chaque horizon est unique, différent de tous les autres. Il est le reflet d'un lieu, d'un moment, d'une émotion. Il forme une trace vivante de notre passage, un souvenir que nous conservons avec nous.

Les horizons sont une source de fascination, de rêve, de poésie. Ils nous rappellent que la terre est vaste, que les possibilités sont infinies, que la vie est une aventure.

Aussi, laissons-nous guider par les horizons, partons à la conquête de nouveaux espaces, de nouvelles idées, de nouvelles expériences.

Ouvrons nos cœurs et nos esprits à l'inconnu, laissons-nous surprendre par la richesse du monde.

HORIZONS
PHILOSOPHIQUES

1

1

LES PILIERS INVISIBLES

Elles sont la force qui révèle le monde, les racines qui le maintiennent, la sève qui l'irrigue.

Elles sont le regard et le cœur généreux qui le réchauffent.

Elles sont celles qui le portent avec grâce, clairvoyance, détermination et courage, celles qui le soulèvent ensemble, solidaires, unies, résilientes, celles qui le rendent plus juste, plus égalitaire, plus durable.

Elles sont les piliers invisibles qui le soutiennent, les gardiennes de la vie, les dépositaires de la mémoire, les artisanes du changement, les bâtisseuses de l'avenir.

Elles sont mères, sœurs, filles, amies, amantes, guerrières.

Elles sont les femmes du monde entier, les femmes de tous les temps, les femmes de tous les lieux, les femmes de tous les âges.

Où est passé le temps ?

Quoi qu'il arrive, le temps s'écoule, nous laissant la vague impression d'un courant rapide, particulièrement ressenti lorsque l'ombre des années s'allonge sur nous.

Il n'y a pas de destination physique pour ce principe intangible que nous appelons le temps. Il ne s'accumule pas dans des coffres secrets et ne se perd pas dans des abîmes inconnus. Le temps n'est pas une matière que l'on peut déplacer ou stocker. Il réside plutôt dans la trame de notre expérience, colorant la toile de notre conscience de teintes fugaces.

La sensation de son accélération, de sa disparition soudaine, est un phénomène intrinsèquement humain, imprégné dans le tissu de notre psyché. Dans la jeunesse, le monde se déploie comme une carte inexplorée. Chaque découverte, chaque rencontre, figure dans la mémoire avec l'empreinte d'une gravure profonde. Ces étapes uniques allongent la perception des premières années, dilatant l'immensité de ce qui a été vécue.

Au fur et à mesure que le voyage progresse, la nouveauté cède la place à la répétition. Les jours, autrefois vibrants d'unicité, tendent à se fondre dans un continuum de familiarité. Les expériences se répètent, brouillant les frontières de la mémoire, et le temps, paradoxalement, semble raccourcir sa marche.

Les rouages mêmes de notre perception du temps changent avec l'âge. Des études mettent en évidence des changements dans les processus cognitifs qui mesurent l'écoulement du temps, comme si le rythme de notre horloge mentale s'accélérait, comprimant les événements dans des intervalles de plus en plus courts.

Par ailleurs, le quotidien nous entraîne dans un tourbillon d'engagements et de responsabilités, nous obligeant en permanence à fixer notre regard sur le proche avenir. L'anticipation constante, la préparation incessante de ce qui doit se produire, fait que le présent s'évanouit comme un soupir, à peine a-t-il été apprécié.

L'amour quantique

L'amour quantique apparaît comme une danse insaisissable où les cœurs s'entremêlent dans un état de superposition, vibrant à des fréquences que la raison peine à saisir. C'est un champ de possibilités infinies où deux âmes existent en un potentiel infini d'étreintes, jusqu'à ce que l'observation d'un regard, le frôlement d'une main, ne fasse s'effondrer la fonction d'onde, révélant une réalité unique, un instant précis de connexion.

N'est-elle pas étrange, cette attraction qui défie les lois classiques, cette intrication qui lie deux êtres au-delà de la distance et du temps ? Comme des particules jumelles, leur état émotionnel se répercute l'un sur l'autre à travers une synchronicité subtile qui traduit la présence d'un lien invisible.

Dans ce chœur quantique des sentiments, l'incertitude règne en maître. Chaque interaction est une expérience, un jet de dés cosmique où l'attraction et la répulsion se mélangent dans un équilibre délicat. On ne peut connaître avec certitude la position exacte du cœur de l'autre et sa quantité de mouvement émotionnel. Seule une probabilité existe : il s'agit d'une vague d'intensité fluctuante.

Et pourtant, dans cette nébuleuse d'incertitudes, des moments d'une clarté éblouissante émergent. Des baisers qui condensent l'univers, des silences qui résonnent d'une compréhension mutuelle au-delà des mots. Ces instants sont comme des mesures précises, des points fixes dans le chaos quantique de l'amour, des preuves tangibles de l'existence d'une liaison profonde.

Alors, laissons-nous emporter par cette poésie quantique des cœurs, acceptons l'étrangeté de cette force qui nous unit et nous transforme. Car peut-être que l'amour, dans son essence la plus profonde, n'est rien d'autre qu'un phénomène quantique, un ballet mystérieux au-delà de notre compréhension linéaire, un enchevêtrement d'âmes vibrant à l'unisson dans le vaste champ des probabilités.

La transcendance

La transcendance est une étoile lointaine, un appel silencieux qui résonne au-delà des murs de notre perception. C'est une brise légère qui murmure à travers les feuilles de l'âme, un parfum enivrant qui nous attire vers l'inconnu. Elle se manifeste dans le regard énigmatique d'un enfant, dans le chant solitaire d'un oiseau mélancolique, dans la beauté désertique d'un paysage austère.

La transcendance n'est pas une destination, mais plutôt un voyage. C'est une quête perpétuelle, une danse entre l'ici et l'ailleurs, entre le fini et l'infini. Elle se révèle dans les moments de grâce, lorsque le voile de l'illusion se déchire et que nous entrevoyons un fragment de vérité éternelle.

Elle est l'écho d'une voix primordiale qui résonne au plus profond de notre être, un rappel que nous sommes plus que de simples mortels, que nous possédons en nous une étincelle divine.

La transcendance est une invitation à nous dépasser, à explorer les confins de notre conscience, à nous ouvrir à l'immensité du cosmos.

Elle est un mystère insondable, une énigme que nous ne pourrons jamais résoudre complètement. Mais c'est dans cette incertitude même que réside sa beauté, son pouvoir d'émerveillement.

La transcendance est une source inépuisable d'inspiration, une balise qui nous guide dans les ténèbres et les interrogations. Elle nous emporte dans son élan, nous enveloppe de son aura mystérieuse, et parfois, dans ce mariage du visible et de l'invisible, le sens véritable de notre vie parvient furtivement à nous effleurer.

Le doute

Le doute est un concept philosophique fondamental qui a été exploré par de nombreux penseurs à travers l'histoire. Il peut être défini comme un état d'incertitude ou de manque de conviction à propos d'une idée, d'une croyance ou d'une information. Le doute peut être une force motrice pour la recherche de la vérité et de la connaissance, mais il peut aussi être une source d'anxiété et de confusion.

Il existe différents types de doute, allant du doute sceptique radical qui remet en question toute forme de connaissance, au doute plus modéré qui reconnaît la possibilité de l'erreur sans pour autant nier la possibilité de la connaissance. Le doute peut également être dirigé vers soi-même, en remettant en question ses propres capacités ou jugements.

Le doute a été un thème central dans la philosophie depuis l'Antiquité. Les sceptiques grecs, par exemple, ont souligné l'incertitude de nos sens et la relativité de nos connaissances.

Plus tard, au XVIIe siècle, René Descartes a utilisé le doute méthodique comme un outil pour fonder une nouvelle philosophie basée sur des vérités indubitables. Son célèbre « Je pense, donc je suis », est une tentative de trouver un point de départ indubitable pour la connaissance.

Le doute peut aussi être une source d'anxiété et de confusion. Lorsque nous doutons de tout, il devient difficile de prendre des décisions ou d'agir. Nous nous retrouvons paralysés, incapables de nous engager pleinement dans nos projets et dans nos relations.

Mais c'est aussi une force positive dans la recherche de la connaissance. En remettant en cause nos idées et nos croyances, nous sommes incités à les examiner de plus près et à chercher des preuves pour les étayer.

Et c'est là une certitude...

Sourire à la vie

Il arrive souvent que l'on trébuche sur le tracé périlleux de l'existence. Dans ces moments-là, en ombre fidèle, la douleur se tient toujours prête. Elle s'invite sans frapper, déchire le voile de nos illusions, et laisse derrière elle un paysage meurtri. Mais même quand elle nous submerge, que la désolation perce à travers nos larmes, une vérité demeure, inébranlable : la vie, malgré tout, mérite qu'on lui accorde notre plus beau sourire. Pas un sourire de façade pour masquer l'étendue du chaos intérieur, non. Mais un sourire né de la résilience, teinté d'une sagesse acquise dans les tempêtes. Le sourire de ceux qui savent que les cicatrices sont des cartes, des preuves que l'on a combattu et survécu à chaque fois.

Sourire à la vie, c'est honorer sa lumière, même quand la noirceur nous menace. C'est reconnaître la beauté, même quand les rides apparaissent. C'est choisir de regarder l'horizon plutôt que le chemin rocailleux sous nos pieds.

La douleur nous apprend la fragilité de notre enveloppe, mais elle révèle aussi la force immense de notre esprit. Elle nous conduit à chercher la paix, coûte que coûte.

Et dans cette quête, dans cette lutte pour s'en sortir, sourire à la vie demeure notre meilleure arme, notre plus belle victoire sur elle.

La question du sublime

Le sublime est une émotion intense qui nous saisit face à l'immensité de la nature, à la grandeur d'une œuvre d'art, ou encore à la profondeur de nos propres pensées. C'est ce moment où l'esprit, confronté à quelque chose qui dépasse largement sa capacité de compréhension, se sent à la fois insignifiant et fasciné.

Le sublime est une expérience paradoxale. Il nous attire tout en nous repoussant, il nous émerveille tout en nous terrifiant. C'est une invitation à l'émerveillement, mais aussi une confrontation avec nos propres limites. Il nous rappelle que nous ne sommes qu'une infime partie d'un univers bien plus vaste et complexe que nous ne pourrons jamais entièrement saisir.

La notion de sublime a traversé les siècles, de l'Antiquité à nos jours, laissant une trace indélébile dans la philosophie, la littérature et les arts.

Aujourd'hui, dans notre société marquée à la fois par l'individualisme et la quête de sens, le sublime peut apparaître comme une bouée de sauvetage.

Il nous offre un moment de répit, un domaine où nous pouvons nous reconnecter à quelque chose de plus vaste que nous, la sensation vertigineuse et unique d'appartenir à un Tout unique.

L'infini

L'infini ! Ce mot résonne comme un écho dans les couloirs de l'esprit et forme un abîme insondable où se perdent nos pensées. Il n'est pas une simple notion, mais une invitation à un voyage au-delà du périmètre de notre entendement.

L'infini philosophique, un vertige de l'esprit

Depuis les temps immémoriaux, les philosophes se sont penchés sur cet énigmatique concept. Pascal, en son temps, s'émerveillait et tremblait devant cet infini qui nous dépasse, nous écrase de sa grandeur. L'infini, c'est l'absence de bornes, l'éternité qui se déploie sans fin, un océan de possibilités où notre conscience se noie avec délice et complaisance.

Les étoiles, ces diamants scintillants dans le velours noir de la nuit, nous offrent un aperçu de l'immensité de l'univers. Les galaxies spirales, les nébuleuses colorées, les trous noirs voraces, autant de merveilles qui témoignent de l'immensité du cosmos.

Les scientifiques, ces explorateurs de l'inconnu, tentent d'en percer les mystères, de cartographier ses frontières, de comprendre ses lois.

L'infini mathématique, un jeu de l'esprit

Les mathématiciens, ces jongleurs de l'abstrait, manipulent l'infini avec une aisance déconcertante. Ils le divisent, le multiplient, le classent en différentes catégories. L'infini des nombres, l'infini des points, l'infini des dimensions, autant de concepts qui défient notre intuition, mais qui nous permettent de construire des édifices intellectuels d'une beauté vertigineuse.

L'infini artistique, une expression de l'âme

Les artistes, ces poètes de la forme et de la couleur, cherchent à exprimer l'inexprimable, à capturer l'infini dans leurs créations. Les peintres, les sculpteurs, les musiciens, les écrivains, tous tentent de traduire en langage humain ce sentiment d'infini qui les habite. Les ciels étoilés de Van Gogh, les espaces inexplorés de Kubrick, les symphonies célestes de Mahler, sont autant d'œuvres qui nous transportent au-delà des limites de notre perception, et ne cessent de nous questionner.

La prose et la réalité

La confrontation entre la « théorie de la réalité » et la « prose poétique » ouvre un espace de réflexion fertile sur la manière dont le langage peut saisir, interroger, et même redéfinir notre perception du réel. Si la théorie de la réalité renvoie généralement à des concepts philosophiques, scientifiques ou métaphysiques cherchant à expliquer la nature fondamentale de ce qui existe, la prose poétique offre un médium littéraire où la musicalité, les images et les figures de style, se fondent dans la fluidité narrative.

Elle ne cherche pas à établir une vérité unique et objective, mais plutôt à explorer les réalités subjectives, intérieures, souvent enchevêtrées avec le rêve, le souvenir ou l'imaginaire. Le rythme fluctuant de la phrase, les associations d'idées inattendues, l'emploi de métaphores et de symboles suggèrent une réalité complexe, insaisissable.

La théorie de la réalité devient alors moins une affirmation qu'une quête, une interrogation constante. L'écrivain, à travers une langue travaillée et évocatrice, explore les fissures du réel apparent. Il peut mettre en lumière les paradoxes, les illusions, les dimensions cachées de notre existence.

La beauté du langage devient alors un instrument subtil pour percer le voile des apparences et révéler des vérités bien enfouies, et parfois inaccessibles autrement.

ÉLOGE DES PLIS

Les plis de l'existence, ces marques du temps qui passe, ces traces indélébiles de notre présence, marquent à jamais notre personnalité.

Les pliures de la peau sont un parchemin vivant où se lisent les chapitres de notre vie. Chaque ride est un souvenir, une expérience, un témoin de nos gestes intimes, que rien ne peut effacer.

Les pliures de l'âme sont des origamis fragiles, qui conservent nos pudeurs, nos fantasmes et nos regrets. Elles se manifestent en force à travers nos émotions.

Les pliures du cœur contiennent nos chagrins, nos secrets enfouis. Ici le pli est une protection, une carapace de chair.

Soyons fiers de nos plis, de notre vulnérabilité, car ils témoignent aussi de notre détermination, de notre résistance à l'usure.

Les heures éphémères

Les heures éphémères sont des bulles de savon, évanescentes et fragiles, qui scintillent un court instant dans l'air du temps, avant d'éclater en laissant derrière elles des parfums de regret et de nostalgie.

Elles apparaissent dans un regard échangé qui se dévoile dans toute sa splendeur, dans une mélodie qui nous transporte ailleurs, un baiser volé où l'éternité se révèle dans l'éphémère, mais aussi dans tous ces moments suspendus où le présent semble s'étirer indéfiniment, où l'émerveillement prend le pas sur la routine.

Les heures éphémères sont des éclats de lumière dans la pénombre, des souvenirs précieux qui s'imprègnent en nous. Elles nous rappellent la fragilité de l'instant présent, la nécessité de le vivre en pleine conscience.

Elles nous invitent à l'humilité, à la gratitude. Elles nous forment à la notion même d'impermanence.

Il faut savoir profiter de ces heures éphémères, qui s'empilent dans nos mémoires, car elles nous rappellent que le temps n'est pas une ligne droite, mais un fleuve sinueux, un océan changeant où la navigation réserve plein de surprises.

Un voyageur silencieux

L'ennui s'installe insidieusement, comme un voyageur silencieux, un brouillard qui recouvre les sens. Il pose ses valises dans les recoins de l'âme, s'immisce dans les journées les plus banales. Les heures s'étirent, interminables, à l'image des ombres un soir d'été.

C'est un état d'apesanteur, une sensation de vide qui nous aspire. Les pensées tournent en rond, semblables aux feuilles mortes dans un tourbillon. Les couleurs perdent leur couleur et les sons leur musique. Le monde extérieur, pourtant en pleine effervescence, se retire et cède la place à un paysage intérieur totalement désertique.

L'ennui est un compagnon paradoxal. Il peut être source de mélancolie, mais aussi de créativité. Ce n'est pas qu'une absence, c'est aussi un appel. Un appel à la rêverie, à l'introspection. Il nous invite à explorer le fin fond de nous-même, à y faire rejaillir des passions enfouies.

Car dans ces moments de vide, l'imagination refait le plein, les envies se ressoudent. Des idées nouvelles se profilent à l'horizon, qu'il ne faut surtout pas laisser passer !

Une quête universelle aux multiples visages

Le bonheur ?

Ce mot résonne comme une interrogation fondamentale sur l'existence humaine. Loin d'une simple émotion passagère, le bonheur est un concept complexe, abordé de manière diverse à travers les époques, les cultures et les disciplines. Il se situe au carrefour de la philosophie, de la psychologie et des expériences individuelles, offrant une richesse de perspectives sur ce qui constitue une vie jugée bonne et épanouissante.

Historiquement, la philosophie a largement exploré la nature du bonheur. Dans l'Antiquité, il était souvent considéré comme le *Bien Souverain*, le but ultime de l'existence humaine.

Pour Aristote, le bonheur résidait dans l'exercice de la raison et la conduite d'une vie vertueuse, que ce soit dans les domaines moral, politique ou contemplatif.

Il distinguait le bonheur du simple plaisir, soulignant sa nature plus stable et durable.

D'autres courants philosophiques ont proposé des voies différentes vers le bonheur. Les Épicuriens, avec Épicure, prônaient la recherche de l'ataraxie (l'absence de troubles de l'âme) et de l'aponie (l'absence de douleur physique), en limitant les désirs aux besoins naturels et nécessaires. Pour les Stoïciens, dont Marc Aurèle, le bonheur résidait dans l'acceptation du destin et des événements extérieurs, en cultivant la vertu et la tranquillité intérieure face aux aléas de la vie.

Plus tard, des philosophes comme Kant ont soulevé la difficulté d'une définition universelle du bonheur, le considérant comme trop subjectif et dépendant de l'expérience individuelle.

D'autres, comme Freud, ont suggéré que le bonheur est lié à la capacité d'aimer et de travailler. Le concept de joie, proche du bonheur, est également exploré par des penseurs comme Spinoza, qui y voit une augmentation de la « force d'exister ».

Mais le bonheur, comme un mirage, se dérobe à mesure que nous avançons. Ce n'est pas une destination fixe, ni même un point d'arrivée. Il ne réside pas dans un état permanent, mais dans la manière dont nous foulons le chemin qui y mène, dans la faculté d'apprécier pleinement chacune de nos actions, aussi humbles soient-elles.

Savoir ralentir

Dans notre monde moderne, où la vitesse est reine et la performance, une obsession, ralentir peut sembler un luxe inaccessible, une compétence oubliée. Pourtant, c'est dans la lenteur que se révèlent les saveurs de la vie, les nuances de l'instant présent.

Lorsque le stress nous étreint, que le tumulte de nos pensées nous submerge, il est essentiel de revenir à soi, de se recentrer sur le souffle, ce fil subtil qui nous relie à la vie. Quelques inspirations profondes, quelques expirations lentes, quelques inspirations profondes, quelques expirations lentes et le calme se réinstalle en nous.

Que vaudrait une vie sans désirs ?

Il est des refuges où le temps n'a plus le même cours : la lecture d'un roman captivant, l'écoute d'une mélodie envoûtante, une promenade dans la nature verdoyante. Autant de belles échappées qui nous relient à l'essentiel, nous reconnectent aux racines de nous-même.

Dire non, une affirmation de soi

Dans cette société qui nous pousse à l'hyperactivité, oser dire non est un acte de courage, une affirmation de notre droit à la tranquillité. C'est reconnaître nos limites, nos besoins, et choisir de ne pas nous laisser submerger par les sollicitations extérieures.

Un moment pour soi, chaque jour

Fût-il bref, ce moment où l'on se pose, où l'on se laisse simplement être, est un cadeau précieux que l'on s'offre. Méditation, contemplation ou simple plaisir de l'instant présent, peu importe la forme, l'essentiel est de se retrouver, de se ressourcer.

Si la course effrénée contre le temps nous épuise, il est temps de changer de cadence. Se lever un peu plus tôt pour savourer le calme du matin, prendre le temps de déguster un repas, autant de petits pas vers une vie plus sereine, plus riche de sens.

Autant d'occasions de ralentir qui aiguisent nos sens et enrichissent notre perception.

L'ESSENCE DE LA VIE

L'essence de la vie est une mélodie subtile, changeante, tissée des fils fragiles et puissants de l'existence. Elle réside dans l'émerveillement silencieux devant l'aube qui dessine le jour, et qui le redessine encore. Elle se manifeste dans la chaleur d'une main qui nous réconforte, dans la profondeur d'un regard qui traverse le nôtre.

Elle s'épanouit dans l'amour, cet élan inexplicable jamais interrompu, qui nous pousse à la compassion, au sacrifice, à la célébration de l'autre dans toute sa singularité.

L'essence de la vie, c'est aussi la douleur âpre et nécessaire qui sculpte l'âme, la façonnant à travers les épreuves comme le courant polit les galets.

C'est la résilience farouche qui nous pousse à nous relever après chaque chute, à panser nos plaies et à continuer d'avancer, même lorsque le chemin semble semé d'embûches infranchissables.

C'est une quête permanente, un mouvement incessant vers la connaissance, vers la compréhension, vers l'accomplissement de soi.

C'est la curiosité insatiable qui nous conduit à explorer l'inconnu, à repousser les limites de notre propre ignorance, à embrasser la complexité et la beauté du monde qui nous entoure.

Métaphysique

1

Du désir

Au cœur de la condition humaine, réside une force motrice énigmatique, un appel intérieur qui nous pousse vers l'avant : le désir. La métaphysique du désir se penche sur cette flamme impérissable qui ne cesse de nous agiter, à notre insu parfois. Elle cherche à en connaître la nature et les origines, à en mesurer l'influence omniprésente sur nos agissements.

Le désir se révèle sous une multitude de formes, comme un kaléidoscope aux couleurs chatoyantes. Il peut s'ancrer dans nos besoins les plus élémentaires, comme la soif ou la faim. Il peut aussi s'élever vers des sommets plus subtils, comme l'amour passionné, l'amitié sincère ou la quête de savoir insatiable.

Le désir, comme Janus aux deux visages, peut se révéler être une source de joie intense et d'épanouissement personnel. Il nous pousse à nous dépasser, à explorer de nouveaux horizons, à réaliser nos envies les plus audacieuses. Mais il peut aussi se transformer en un tyran implacable, nous enchaînant à des illusions éphémères, qui conduisent souvent vers des impasses.

La métaphysique du désir nous met face à un défi de taille : comment naviguer dans le labyrinthe de nos désirs sans nous perdre ? Comment trouver le juste équilibre entre l'assouvissement de nos besoins légitimes et la maîtrise de nos passions dévorantes ?

De Platon, explorateur des méandres de l'amour et de la beauté, à Freud, scrutateur des profondeurs de l'inconscient, en passant par Spinoza, chantre de la puissance du désir, ils ont chacun à leur manière dévoilé un pli de cette exaltante énigme.

Y sont-ils parvenus ?

Oui, sans doute. Leurs réflexions, comparables à des sémaphores de la pensée, continuent de nous guider, de nous alerter, de nous signaler la direction à prendre.

2

DE L'AMOUR

Plongeons ensemble dans la métaphysique de l'amour, comme si nous étions en pleine conversation.

C'est un sujet fascinant, n'est-ce pas ?

Alors, par où commencer ? Peut-être par cette question fondamentale : qu'est-ce que l'amour, au-delà de ce que nous ressentons au quotidien ?

C'est là que la métaphysique entre en jeu. Elle cherche à comprendre l'essence même de l'amour, sa nature précise.

On pourrait dire de l'amour qu'il est une émotion, un sentiment intense. Mais est-ce suffisant ?

Platon y voyait une force qui nous pousse vers la beauté et la perfection. Il nous invitait aussi à transcender l'amour physique pour atteindre un amour plus pur, plus idéal, dans une sorte de chemin vers la connaissance.

D'autres, comme Schopenhauer, le considéraient plutôt comme une ruse de la nature, un moyen de perpétuer l'espèce.

Il y a ensuite la question de l'origine de l'amour. D'où vient-il ? Est-il inhérent à la condition humaine, ou relève-t-il d'un don divin, d'une interaction biologique entre les âmes ?

Les opinions divergent, bien sûr.

Et puis, il y a enfin le sens de l'amour. A-t-il une signification intrinsèque, un but ultime ?

Il est clair qu'il influence durablement notre perception globale de la vie.

Des philosophes comme Aristote, Schopenhauer et Simone Weil, ont apporté des contributions importantes à la métaphysique de l'amour. Leurs idées sont riches et complexes et elles nous offrent de somptueux terrains de réflexion.

Et vous, quelle est votre vision de l'amour ? Pensez-vous qu'il s'agit d'une force cosmique, d'une connexion spirituelle, ou bien le considérez-vous simplement comme une sorte de hasard heureux ?

3

DE LA MORT

La métaphysique de la mort s'apparente à une odyssée philosophique qui sonde les arcanes de notre finitude.

Comme un spectre insaisissable, la mort se dresse devant nous, énigme existentielle qui défie notre compréhension. Pour certains, elle est le néant absolu, la dissolution totale de notre être dans l'océan de l'oubli. Pour d'autres, elle est un passage, une métamorphose vers un autre état, un au-delà où notre âme s'affranchit des liens de la chair.

Mais si elle survit et ne s'évanouit pas avec le dernier souffle, devient-elle vraiment immortelle, promise à une éternité de félicité ?

Les neurosciences explorent les méandres du cerveau, cherchant à percer les secrets de l'âme, à en extraire la vérité, mais son essence ultime reste encore insaisissable.

La métaphysique de la mort est un voyage intellectuel qui nous confronte aux questions les plus fondamentales de notre existence. Elle nous invite à explorer les frontières de notre savoir, à repousser les limites de notre compréhension, à sonder les profondeurs de notre condition humaine.

Tout au long de l'histoire, les plus grands esprits se sont penchés sur ces questions. Platon, avec sa théorie de l'immortalité de l'âme, a ouvert la voie à une réflexion millénaire. Épicure, avec sa vision de la mort comme une simple absence de sensation, a cherché à nous libérer de la peur de l'inconnu.

Y est-il parvenu ?

4

DE L'ABSENCE

L'absence. Un trou béant dans la trame du réel, une déchirure silencieuse où le temps lui-même semble hésiter. Elle n'est pas le néant, mais une présence inversée, le fantôme vibrant de ce qui n'est plus.

Dans le creux laissé par une main disparue, demeure la chaleur illusoire d'un contact révolu. L'air vibre encore du son éteint d'une voix, une mélodie spectrale que seul le cœur blessé peut entendre.

Les objets familiers se figent, auréolés d'une mélancolie nouvelle. La chaise vide murmure l'écho d'un poids absent. Le livre oublié sur la table garde l'empreinte invisible d'un regard qui ne se posera plus.

L'absence s'infiltre partout, comme une brume tenace qui voile les couleurs vives du souvenir. Elle creuse des sillons dans la mémoire, ravivant la douleur lancinante de ce qui manque, de ce qui ne reviendra pas.

C'est un silence étouffant, une immobilité qui s'empare du moindre geste, de la plus petite décision.

Pourtant, paradoxalement, l'absence peut aussi devenir un espace. Un lieu intérieur où l'imagination vagabonde, reconstruisant les contours flous de ce qui a été. Un sanctuaire où l'amour persiste au-delà de la présence physique, où le lien invisible défie la dissolution.

Dans cette métaphysique de l'absence, le cœur apprend un langage nouveau, fait de silences éloquents et de souvenirs précieux. Il découvre la fragilité des liens, la nature éphémère des choses et la puissance relative de ce qui n'est plus là pour façonner ce qui est.

L'absence n'est pas une fin, mais une autre forme d'être. Une empreinte indélébile gravée dans l'âme, un vide fertile où peut germer, lentement, une nouvelle forme de présence intérieure.

La mer

La mer est bien plus qu'un simple élément naturel. C'est un symbole puissant, une source infinie de réflexions philosophiques. Depuis l'aube de l'humanité, elle fascine et effraie, nourrit le corps et l'esprit, inspire les rêves et les cauchemars.

La mer, dans son immensité, nous confronte à notre taille, si petite en comparaison. Elle nous rappelle que nous ne sommes qu'une infime partie d'un univers bien plus vaste et mystérieux. Elle nous invite à l'humilité, à la modestie, à la reconnaissance de notre place dans le monde.

La mer, dans sa constance, nous enseigne la patience et la persévérance. Les vagues et les marées circulent inlassablement, comme un symbole de l'éternel recommencement, du cycle de la vie et de la mort, de la transformation perpétuelle.

La mer, dans sa profondeur, nous invite à la contemplation et à l'introspection. Elle nous offre un espace de silence, de calme, de solitude. Elle nous permet de nous recentrer sur nous-même, de nous reconnecter à notre être intérieur, de trouver la paix et la sérénité.

La mer, dans sa beauté, nous émerveille. Ses couleurs, ses formes, ses mouvements sont une source inépuisable de ravissement. Elle nous rappelle que la beauté existe, qu'elle est à notre portée.

La mer, dans sa puissance, nous tourmente et nous inquiète. Elle nous rappelle que la nature est indomptable, que nous ne sommes pas les maîtres du jeu, et qu'il nous faut respecter ces forces qui nous dépassent. Elle nous invite à la prudence, à la sagesse, à la responsabilité.

La mer, dans sa diversité, nous fascine. Elle abrite une multitude d'espèces vivantes, parfaitement complémentaire, dans un subtil équilibre biologique. Elle nous enseigne la richesse de la différence, la beauté de la diversité, la nécessité de la tolérance.

Oui, la mer est bien plus qu'un simple élément naturel...

Vivre dans l'obscurité

Vivre dans l'obscurité, ce n'est pas seulement l'absence de lumière. C'est une plongée dans un silence pesant où le temps se replie sur lui-même, perdant ses arêtes, son urgence. Les couleurs se dissolvent, deviennent un souvenir, un écho lointain d'un monde qui n'a peut-être jamais vraiment existé, et dans la pénombre permanente, les autres sens s'aiguisent, deviennent des flambeaux dans une nuit sans limite.

Le toucher devient la vue, chaque surface est un paysage à explorer du bout des doigts. La rugosité d'un mur raconte des histoires de temps et d'usure ; la douceur d'un tissu, rappelle une caresse dans la solitude. Le vent sur la peau n'est plus seulement une brise, il se transforme en un frisson qui transporte avec lui la fraîcheur de la pluie qui s'annonce au loin.

Les voix révèlent des émotions quelquefois imperceptibles. L'ouïe devient une carte, et chaque son un point de repère dans un espace immatériel. Le goutte-à-goutte constant du robinet, une horloge infatigable. Le bruissement des feuilles au dehors, une conversation secrète entre la nature et le vent.

À leur tour, le goût et l'odorat ouvrent des portails vers le passé, vers des souvenirs vivants que l'obscurité éclaire encore plus vivement. L'odeur de la terre mouillée évoque les amertumes et les joies de l'automne, le dépaysement des vacances à la campagne.

Vivre dans l'obscurité, c'est apprendre à composer avec les ombres, dans une étreinte invisible et imprévisible.

En perpétuel mouvement

Dans l'immensité ocre et mouvante du désert, les dunes de sable se dressent comme des montagnes vulnérables, sculptées par le souffle incessant du vent. Leur danse perpétuelle, leurs crêtes ondulantes, invitent à une profonde contemplation, à une réflexion philosophique sur la condition humaine et la nature du monde.

Ces vagues de sable, à jamais changeantes, sont le symbole même de l'impermanence. Leurs formes, temporaires et fugaces, nous rappellent que rien n'est figé, que tout est toujours en mouvement. Elles nous confrontent à la nature transitoire de l'existence, à la fragilité de nos vies, à la relativité de nos ambitions.

Elles nous invitent également à savourer les instants qui passent et changent à longueur de temps, pour essayer d'en retenir l'insaisissable beauté.

De l'autre côté

De l'autre côté, là où le ciel et la terre n'ont plus de limites, se trouve un monde aux ressources infinies.

C'est un endroit où l'imagination s'exprime librement, où l'espérance et la force qui nous pousse à aller de l'avant, même lorsque le chemin est incertain, nous est donné.

C'est là où la beauté ineffable de la nature, la symphonie des dieux, le parfum des astres, apparaissent en majesté.

C'est là où la paix, la justice et l'égalité, nous servent de boussole.

C'est là où notre essence et notre capacité à aimer, à créer, à rêver, s'offrent à nous totalement.

C'est là où vit la poésie, depuis la nuit des temps…

HORIZONS
POÉTIQUES

2

Un cri de liberté

Le poète est un alchimiste des émotions qui transforme la douleur en beauté, la tristesse en nostalgie et l'amour en croyance. Il compose des univers parallèles où tout peut se produire et se refaire.

C'est un créateur de sentiments, une source d'inspiration que rien ne peut tarir, un cri de liberté qui brise les chaînes de la réalité et transcende les limites du temps et de l'espace.

Être poète, c'est traduire le silence en vers, donner de la voix aux murmures de la nature et aux clameurs de l'âme. C'est peindre le monde avec des rêves, créer des paysages qui n'existent que dans l'imagination.

Être poète, c'est rester un éternel enfant de la vie, un observateur infatigable de la condition humaine qui plonge dans les profondeurs de l'être pour en déverrouiller les mystères et en partager les charmes.

C'est un messager de l'âme qui diffuse la poésie comme un élixir pour apaiser le cœur de l'univers.

Les nuances de mes jours

Chaque aube déroule un nouveau parchemin, une toile invisible où se peignent les nuances de mes jours. Elles ne sont jamais unies, jamais d'un seul bloc, mais un entrelacs délicat de teintes multicolores.

Il y a d'abord le rose tendre des matins naissants, une pause éphémère avant que le monde ne s'éveille tout à fait. Il se mêle au chant discret de la vie qui reprend son cours au plus profond de moi. C'est le souffle léger de l'optimisme, la certitude heureuse que tout est encore possible.

Puis le jour s'avance, et avec lui les éclats dorés du soleil en majesté, qui m'aveuglent parfois ou me réconfortent, selon mon humeur. Ils croisent souvent les gris profonds de la mélancolie inattendue, ces ombres passagères formées par les nuages qui réveillent en moi le tourment de l'existence.

Il arrive ensuite que les rouges vifs de la passion et de la colère surgissent, flamboyants et intenses, au gré des orages, marquant l'instant présent d'une empreinte ardente et tragique, qui me renverse.

Puis le bleu s'installe à nouveau, dans un moment suspendu où mon âme alors se repose, où le temps semble ralentir sa course, où mon esprit vagabonde dans les méandres de ses propres pensées.

Quand le jour décline enfin, les oranges flamboyants du crépuscule viennent frapper l'horizon de leur transitoire beauté, avant que le noir de la nuit ne recouvre tout et n'allume les étoiles au-dessus de ma tête.

Chacune de mes journées est une palette renouvelée, une symphonie chromatique où chaque couleur, chaque nuance a sa place et sa raison d'être. Elles se superposent, se fondent, se combattent, créant une œuvre unique, imparfaite et magnifique : la trame même de ma vie.

La naissance du Nil

Imaginez un lieu, nimbé de brumes éternelles et de murmures ancestraux, où la terre respire et les cieux se penchent. C'est là, dans le secret palpitant des Montagnes de la Lune, que le Nil, avant d'être fleuve, est une promesse.

Ce n'est pas un jaillissement brutal, mais une lente éclosion. D'abord, ce sont des perles d'eau, des larmes de glaciers millénaires qui fondent en silence, s'infiltrant dans la roche poreuse, cherchant leur chemin à travers les entrailles de la terre. Chaque goutte est une mémoire, une parcelle du temps figée, qui s'éveille à la lumière.

Puis, ces perles se rencontrent. Elles hésitent, timides ruisselets serpentant entre les mousses et les lichens, à peine audibles. Leurs lits sont des fissures délicates, des veines bleutées sur le corps vert de la montagne. Le soleil, s'il parvient à percer l'opacité des cimes, les fait étinceler comme des milliers de diamants éparpillés.

Le frisson initial devient murmure, le murmure se mue en chuchotement, le chuchotement en un refrain doux et continu. Les ruisselets s'étreignent, se fondent en un seul flot argenté qui dévale la pente, en percutant le silence de leur écume immaculée.

C'est là, dans cette danse primordiale, que l'âme du Nil prend forme. On dirait que la terre elle-même soupire de soulagement, en libérant cette sève vitale qui se déverse. L'air se gorge de fraîcheur, les fleurs sauvages aux couleurs éclatantes se dressent pour saluer son passage, et les oiseaux, par milliers, viennent s'y abreuver, témoins privilégiés de sa grandeur future.

Le Nil, à sa naissance, n'est pas encore le géant que l'on connaît. Il est pure innocence, une force latente, un chant ténu, mais persistant.

Il porte en lui le secret des civilisations à venir, la promesse de la fertilité, le sang de la terre. C'est un émerveillement de chaque instant, une lente et majestueuse révélation.

Muse céleste

Dans le silence glacé des nuits polaires, un souffle de lumière danse. Aurore boréale, muse céleste, tu peins le ciel de tes pinceaux de feu. Vert émeraude, rouge carmin, bleu saphir, tes couleurs ondulent, serpentent, s'enlacent.

Tu es le voile d'une déesse, un drapé de soie cosmique qui frémit au rythme des vents solaires. Particules chargées, messagères du soleil, tu inondes l'atmosphère en libérant un chant de photons.

Les anciens te voyaient comme les âmes des guerriers, les esprits des ancêtres, le feu des dragons. Aujourd'hui, les scientifiques te cartographient, mais ton mystère demeure. Tu es une énigme, une beauté sauvage, une danse provisoire.

Sous ton regard électrique, les paysages se transforment. Les montagnes enneigées deviennent des cathédrales de cristal, les lacs gelés des miroirs infinis.

Aurore boréale, tu es la fantaisie du ciel, l'écho des âmes errantes, le frisson des galaxies. Tu es l'image que l'on ne remplace pas, l'émotion qui nous transcende en pleine nuit pour nous projeter dans le ciel étoilé de Vincent…

Mon frère, mon bel oranger

Mon frère, mon bel oranger, tes branches s'étendent dans toutes les directions, offrant une ombre fraîche aux jours d'été ardents.

Tes feuilles, éclats de jade, se balancent sous le vent, murmurant des secrets que seul mon cœur entend.

Tes fleurs, nébuleuses blanches, parfument l'air que je respire, et enchantent mon firmament.

Tes fruits, soleils orangés, gorgés de vitamines, éclatent dans ma bouche, comme un délice divin.

Mon frère, mon bel oranger, tu as vu nos chagrins, nos peines, nos tourments, mais sous ton feuillage épais j'ai trouvé un abri, j'ai vécu des instants de bonheur, des instants de ferveur, et tes parfums sucrés ont nourri mon esprit.

Aujourd'hui, je te contemple, et mes yeux voient toujours les mêmes reflets, les mêmes rivages.

Tes racines profondes irriguent mes pensées et je sais que jamais tu ne quitteras mon cœur.

Tu resteras à jamais le symbole de notre enfance, le gardien de nos souvenirs, l'expression de la vie.

Mon frère, mon bel oranger !

Des matins comme ça

Il y a des matins comme ça, qui arrivent illégalement, qui s'imposent à nous avec leur fatigue d'exister, leur fatigue d'ouvrir les yeux, et cette lassitude résignée, sans même un souffle, qui serait déjà l'esquisse d'un esprit de révolte !

Bien qu'autour de nous règne un calme profond, lumineux, tout nous apparaît terne, énigmatique, comme si Dionysos, dieu ironique, se jouait de nos sentiments et altérait nos perceptions.

On se retrouve comme un train égaré sur des rails rouillés, sans destination, à se demander ce que l'on fait là et les raisons de ce voyage frauduleux.

On se sent étranglé, condamné à respirer ces soubresauts du temps, dans un pacifisme attristé, alors qu'il aurait fallu un combat existentiel, une ferveur identique à l'ambition des géants, un élan idéaliste !

Il y a des matins comme ça, qui arrivent illégalement, et qui ressemblent aussi à tant d'autres.

Le cordon

Maman, quand je vois tes mains, quand je regarde le vert émeraude de tes yeux, quand tu souris, ce sont mes traits que je vois, à chaque fois, en écho...

Comme ton visage était beau, ce premier matin de mes jours. Dans ta douce fragilité, tu étais encore une petite fille docile et rêveuse...
J'arrivais lentement, les yeux déjà ouverts, sans crier... Tu te souviens ?
Que de patience, maman, que de larmes, que de tendresse... De tendresse...
Si un jour, tu pars loin, emmène-moi avec toi, nous flotterons ensemble sur un lit de pétales de roses blanches, et les nuages de coton seront notre berceau sidéral.

Je revois ma naissance, par une aube brumeuse et froide, un 21 décembre.

Je suis arrivée et tu n'as pas eu de douleurs. Je suis tombée à tes côtés avec le cordon ombilical enroulé autour de mon cou.

Je ne pouvais plus respirer, je devenais violette. Je ne voulais pas le rompre, mais l'infirmière l'a coupé…

Je n'ai jamais réussi depuis à me détacher de ton ventre, de ton sein, de ta chaleur…

Je me souviens bien de ce moment, maman. Tu me le racontes encore tant de fois, comme un mystère entre nous.

Maman, quand je me blottis contre toi, j'ai envie de pleurer, de retourner dans ton ventre de mère, de te dire qu'avec toi, je suis entière, sans cicatrice dans l'âme, que nous demeurons toi et moi dans une aube immaculée de décembre, dans un instant d'éternité mystique et à jamais scellées dans le corps de l'infini.

Ta voix vibre encore !

Cette nuit, sur la cime de la montagne, le vent n'était plus simplement le vent. Il est devenu un messager, porteur d'une mélodie inouïe. J'ai tendu l'oreille et j'ai entendu ta voix. Elle s'est tissée à travers le silence glacial, a épousé les contours des rocs ancestraux, a effleuré ma peau comme une caresse.

Tes mots se sont répandus dans l'immensité nocturne, la remplissant tout entière. Ils n'étaient pas des paroles distinctes, mais une résonance de ton être, un écho de ta présence. J'ai senti ta force dans le grondement lointain de la vallée, ta douceur dans la vibration des arbres. Chaque étoile semblait scintiller davantage, comme si elle applaudissait cette communion invisible.

Dans cette solitude grandiose, baignée par la lune, ta voix a dissous les frontières du temps et de l'espace. Elle est devenue le fil d'or qui relie le passé au présent, le souvenir à la réalité.

Et je suis restée là, les yeux fixés vers l'horizon, à t'écouter. Parce que même au sommet du ciel où la clameur des hommes a disparu, ta voix vibre encore !

Les maisons de famille que nous laissons derrière nous

Les maisons de famille que nous laissons derrière nous ne vibrent plus qu'au rythme lent de la mélancolie. Autrefois enveloppées de rires et de conversations, elles abritent désormais un silence pesant, presque solide. Dans chacune de leurs pièces, un objet délaissé hurle des souvenirs : un livre s'ouvre sur une page, un tableau se penche sur un mur, une photo ressort d'un album…

Les traverser revient à se promener dans un labyrinthe d'émotions. La solitude qui s'est installée partout est intense et le sentiment d'abandon se ressent physiquement. L'absence de vie les transforme en une scène de théâtre où les objets restés en place deviennent des acteurs, jouant malgré eux un drame silencieux.

Où sont passés les jeux, les joies, les odeurs, les secrets, les instants de partage, les fantômes doux-amer de notre enfance ?

Les maisons de famille que nous laissons derrière nous ne respirent plus. Elles s'éteignent doucement, prisonnières d'un passé qui n'est déjà plus le passé, mais l'abandon total.

À LA DÉRIVE

Sous un ciel noir, parsemé d'étoiles froides, elle marche seule, perdue dans la nuit.

À force d'attendre, elle ne sait plus ce qu'elle attend. Les rues endormies, silencieuses, égoïstes, réfléchissent la pâleur de la lune aveuglante.

Le vent agresse son visage dans un souffle glacé, qui emporte avec lui ses derniers soleils.

Au loin, des enfants crient, leurs voix résonnent, creusant un sillon dans l'espace, un écho douloureux.

Chaque pas est un pas de plus vers l'inconnu, vers un avenir obscur où l'ombre se presse, sans piano, sans musique, sans respiration.

La solitude pèse lourd sur son cœur en feu. C'est un vide immense qu'elle ne parvient plus à combler.

Elle se perd dans ses pensées, comme un bateau ivre perdu dans une bise marine, à la dérive, sans boussole, sans cap.

Sans espoir de paix...

JE ME SOUVIENS

Je me souviens d'Ostende, de nos désirs au-delà du désir.

Sur le sable humide, nous tracions des royaumes périssables, des géographies de l'instant que la marée venait aussitôt effacer. Chaque vague était une page tournée, mais nos doigts, unis, réécrivaient sans arrêt leur histoire.

À Ostende, nos désirs semblaient venir d'ailleurs. Ils s'étendaient au-delà de la simple convoitise, dépassaient l'horizon familier du plaisir.

C'était une soif d'absolu, une tendresse sans nom qui flottait entre nous, plus vaste que la mer elle-même. Chaque regard était une promesse silencieuse, chaque souffle partagé une éternité dérobée au présent.

Aujourd'hui encore, le vent me ramène les embruns de ces heures extraordinaires. Je ferme les yeux et je revois le soleil d'Ostende éclaircir les nuages, et se délayer dans nos yeux. Je sens la tiédeur du sable recouvrant mon corps, la chaleur de nos étreintes, et ce désir au-delà du désir, au-delà d'Ostende, au-delà de nous...

La musique de Chopin

Dans l'encre de la nuit, la musique de Chopin se déploie comme une prose poétique, un récit sans mots où les émotions dansent et les âmes se rencontrent.

Ses mélodies, semblables à des chants d'oiseaux nocturnes, s'élèvent et se posent, caressant l'air de leur douceur mélancolique ou de leur joie éclatante.

Les *Nocturnes*, ces confidences déclarées à la lueur de la lune, révèlent les secrets les plus intimes du cœur humain. Avec leurs harmonies, ils enveloppent l'auditeur d'une aura envoûtante. Riches et profonds, ils peignent des paysages oniriques où les sentiments se mêlent et se répondent.

Les *Ballades et les Impromptus*, ces formes musicales libres et impétueuses, laissent libre cours à l'expression spontanée de l'âme. Les émotions, tour à tour tumultueuses et délicates, s'épanchent avec une fluidité naturelle.

La musique de Chopin, miroir de son être tourmenté et passionné, résonne avec une intensité bouleversante. La nostalgie, la mélancolie et la passion s'entrelacent dans une danse envoûtante, créant une atmosphère vibrante et singulière.

Imprégnée de l'esprit romantique, la musique de Chopin s'inspire de la poésie et de la littérature de son temps. Les images poétiques et les atmosphères littéraires se reflètent dans ses compositions, pareils à des fenêtres ouvertes sur un monde imaginaire.

C'est une prose musicale qui transcende les mots, une langue universelle qui nous parle au-delà des siècles, au-delà de lui.

L'ÉTOILE

Dans un bal cosmique où la gravité est la musique et les constellations les invités, l'étoile tourne sur un sol de lumière. Son mouvement, un ballet précis et éternel, dessine des spirales lumineuses sur le tissu noir de l'espace.

C'est une toupie cosmique, mue par des forces que la science tente de décrypter et que la poésie célèbre en vers. À chaque rotation, l'étoile chante une chanson ancienne, un hymne à la création, un mantra de l'existence.

La lumière qui en émane voyage pendant des millions d'années-lumière à la recherche d'un regard pour la contempler. Lorsqu'elle atteint la Terre, cette lumière se transforme en points lumineux, en histoires que l'humanité tisse depuis des millénaires.

L'étoile, dans sa danse céleste, nous rappelle que nous faisons partie d'un univers en perpétuel mouvement, un univers où tout se crée, évolue et se transforme, sans même se soucier de nous.

L'harmonie

Dans le tableau silencieux de l'existence, l'harmonie ne se manifeste pas comme une seule teinte éclatante, mais comme une danse subtile et riche de couleurs. Elle n'est ni le rouge ardent de la passion solitaire, ni le bleu profond de la mélancolie isolée. Non, l'harmonie est la fusion délicate du jaune solaire de la joie qui rayonne, avec le vert apaisant de la croissance et de la sérénité. C'est le blanc pur de la clarté qui illumine le chemin, entrelacé avec le bleu de la confiance et du partage.

Parfois, elle prend les nuances douces du rose tendre de la compassion ou les teintes riches du violet de la compréhension mutuelle. Quand les différences s'embrassent, l'harmonie révèle des oranges chaleureux et des bruns terreux, symboles de l'ancrage et de la cohésion. Chaque nuance trouve sa place, non pas pour dominer, mais pour enrichir l'ensemble.

L'harmonie n'est pas l'absence de contrastes, mais la capacité de ces contrastes à se fondre en une beauté supérieure, où chaque couleur, même la plus sombre, contribue à la profondeur et à la richesse de l'ensemble. C'est une symphonie visuelle où chaque note chromatique résonne avec la suivante, créant une œuvre d'art vivante, toujours en mouvement, mais toujours en équilibre.

Seule, désormais

Mon destin a disparu, il m'a certainement oublié.

C'est une étrange mélancolie que de sentir son chemin s'effacer, de voir les astres qui me guidaient se noyer dans un vide abyssal.

Mon destin, autrefois compagnon fidèle, s'est volatilisé dans l'atmosphère. Peut-être s'est-il lassé de mes hésitations, de mes détours, de mes craintes. Peut-être a-t-il trouvé une autre âme à éclairer, plus vive, plus audacieuse.

Je marche désormais dans un présent hasardeux, qui ne tient plus à rien. Le fil d'Ariane qui me reliait à mon futur s'est rompu et je n'avance plus qu'au travers d'une vague d'incertitudes.

Ai-je manqué un rendez-vous cosmique ? Ai-je ignoré les signes, me suis-je égarée dans l'âme des nombres, dans les messages mystérieux transportés par le ciel ?

Sa disparition est une douleur brutale. Une partie de moi espère encore qu'il ne s'agit que d'une éclipse, d'un instant de distraction, et qu'il réapparaîtra demain, lumineux et exigeant. Mais une autre, plus résignée, accepte la solitude de cette nouvelle règle, où je dois tisser moi-même les fils d'un avenir inconnu, sans le soutien de son regard bienveillant.

Mon destin m'a oublié.
Je suis seule désormais sur ma route, à chercher à savoir où elle me conduit, à me demander même s'il y a une route...

Ah, les œillets rouges de la liberté !

Je retrouve l'éclat des œillets rouges, la densité de l'histoire qu'ils portent. Ce ne sont pas de simples fleurs, mais des symboles vibrants, palpitants, d'un idéal enflammé par le courage.

Je ressens le rouge intense, presque sanglant, de leurs pétales veloutés. Une couleur qui crie contre le gris de l'oppression, une flamme d'espoir reposant sur l'asphalte des rues. Je les vois dans les mains fermes de ceux qui ont osé dire non, de ceux qui ont troqué le fusil contre la fleur, la violence contre la promesse d'une aube nouvelle.

J'en perçois le doux parfum, paradoxalement délicat pour une telle force. Un parfum qui s'est mêlé à l'odeur de la poudre, à la fraîcheur du matin qui s'est levé après la longue nuit.

J'entends à nouveau le silence éloquent qui a suivi le grondement de la révolution pacifique. Un silence plein d'attente, de cœurs qui battent au rythme de la même pulsion, celle de la liberté gagnée sans effusion de sang, ornée de la simple beauté d'un œillet.

Les œillets rouges de la liberté ne s'effacent pas de la mémoire. Ils continuent à fleurir dans chaque geste de résistance, dans chaque soupir de soulagement, dans chaque pas vers un avenir où les voix peuvent se parler sans crainte, où l'espérance porte la couleur vibrante de la passion.

Ils sont la poésie vivante d'un peuple qui a choisi la sagesse comme arme et la liberté comme destin intemporel.

Juan

Je sens tes couleurs encore vivantes, Juan.

Je voudrais te revoir, je voudrais te parler…, te parler de nos pères, de nos rêves dans notre île où l'eau est couleur Émeraude et bleue, solaire comme nos yeux.

Juan, tu m'as appelée là-bas et tu m'as parlé dans une langue qui nous ressemble. Souviens-toi de cet été si chaud, quand je me suis assise devant ta porte sur ce vieux banc de granit usé, et que tu m'as servi à boire, une eau pure, fraîche et cristalline.

Tu portais dans tes lèvres un sourire si grand qu'il semblait ne pas rentrer dans le temps !!!

Comme tu étais beau, Miró, tes vêtements, tes mains, tes cheveux tachés d'encre aux mille couleurs, même le ciel étoilé ne pouvait rivaliser avec toi, dans cette magie de *Cala Mayor*.

Mais oublions tes couleurs, allons nous baigner dans l'eau d'azur parsemée de perles et de roseaux.

Viens Juan, donne-moi ta main, attendons ensemble les fleurs qui frémissent à l'aurore !

Tu m'as appelée et j'ai retrouvé les enfants d'hier, de l'autre côté de la rive.

Maintenant, je caresse tes vêtements encore humides et tout me revient. Je te parle de ces années-là, des pins verts, des lits de primevères, de tous les rêves que nous voulions accomplir ensemble.

Je te prends la main et je te parle encore, Juan !

Je te parle de nous, de nous pour toujours !

La Mer de Marmara

Je me souviens de la Mer de Marmara...

Je ferme les yeux et déjà, je sens son haleine salée caresser mon visage, son souffle chargé d'histoires millénaires.

Imaginez une étendue d'azur profond, parfois ridée de vaguelettes argentées sous le soleil ardent, parfois sombre et mystérieuse sous un ciel d'encre. Elle enlace les rivages de la Thrace et de l'Anatolie, un trait d'union liquide entre l'Europe et l'Asie. Ses eaux ont vu voguer les trières antiques, les galions ottomans, et aujourd'hui, les ferries pressés qui sillonnent son miroir changeant.

Au matin, une brume légère danse à sa surface, voilant les contours lointains, laissant deviner des cités endormies sur ses rives. Puis le soleil perce, et la mer s'éveille dans un scintillement éblouissant, révélant des nuances de turquoise, de saphir, parfois même d'émeraude près des côtes rocheuses.

Le vent peut se lever soudain, gonflant ses eaux en crêtes écumantes, un rugissement sourd qui rappelle sa puissance. Mais il retombe aussi vite, laissant derrière lui une surface lisse et brillante où se reflètent les nuages.

La Mer de Marmara, ce n'est pas seulement une étendue d'eau. C'est un carrefour, un passage, un témoin silencieux de l'histoire humaine. Elle porte en elle les échos des empires disparus, les rêves des navigateurs, le labeur des pêcheurs. Elle est à la fois douce et impétueuse, calme et orageuse, mais toujours profondément envoûtante.

Je me souviens de la Mer de Marmara, ce roman immuable, sans cesse réécrit par le vent et le soleil.

Une oasis au cœur de la terre

Sous la voûte d'un ciel brûlant, mes lèvres assoiffées ont célébré un miracle, celui de l'eau fraîche et cristalline d'une oasis, que j'ai bue comme une perle liquide jaillie du fond de la terre. Chaque gorgée était une caresse, un chant silencieux qui apaisait l'ardeur du désert en moi. Ce n'était pas seulement de l'eau ; c'était la vie même, une clameur d'éternité dans le silence d'or et de sable. Mon corps s'imprégnait de la verdure luxuriante qui bordait cette source. L'air vibrait d'une douceur inattendue, empreinte des odeurs subtiles de la terre mouillée.

L'environnement s'était métamorphosé autour de moi, la chaleur accablante s'était retirée, remplacée par une sérénité bienheureuse, dans un instant en apesanteur où mon être nourri et désaltéré retrouvait sa pleine mesure.

Chaque goutte de cette eau absorbait la fatigue du voyage, effaçait la poussière du chemin et ravivait les couleurs de l'espoir. Le temps semblait s'être arrêté, figé dans cette bulle de fraîcheur et de paix. Je sentais la vie circuler à nouveau en moi, non pas comme un simple courant, mais comme un fleuve profond et tranquille, portant avec lui la promesse d'un renouveau. L'oasis n'était pas qu'un lieu de repos ; elle était un sanctuaire de l'âme, un miroir dans lequel se reflétait la force inébranlable de la nature et la fragilité sublime de l'existence.

Un calme profond m'envahit en retour et le désert m'apparut bientôt comme une épreuve nécessaire, entièrement destinée à me faire ressentir la valeur de ce refuge unique.

Je restais là, immobile, à écouter le pouls du monde, ce battement singulier et constant qui résonne au sein des oasis. C'était une leçon de patience et d'humilité, la révélation que même dans la plus grande aridité, la vie trouve toujours son chemin, resplendissante et résiliente...

Dans les yeux de mon père

Dans les yeux de mon père, j'ai vécu comme une rosée matinale, dans la simplicité, chargée d'une force débordante qui illuminait l'esprit. C'était comme une métaphore, une plongée dans les profondeurs de l'être où je trouvais ma raison.

Ses yeux m'inspiraient dans les jours les plus sombres et m'ouvraient la voie dans le labyrinthe du présent. À travers eux, les tempêtes s'apaisaient et la paix revenait toujours

C'est là que j'ai trouvé l'amour inconditionnel et son héritage éternel... Un amour qui transcende les mots, une affection qui accueille et protège.

Dans les yeux de mon père, j'ai trouvé un refuge, une maison où je me suis sentie aimée. Ils me portaient comme une douce rivière, me berçant dans une mer d'émotions multicolores.

C'était comme une prose passionnée de poésie, une explosion, un lien bleuté ou même jaune d'or, qui sublime tout sur son passage.

Le berger du vent du Sud

à François

Un vent du sud souffle, apportant l'odeur du pain et de la terre humide. Il marche, le berger de Rome, avec des pas qui font écho à sa simplicité.

Il parle la langue des exclus, la chanson des oubliés. Ses paroles sont des graines semées par le vent qui font germer l'espoir sur un terrain aride. Il embrasse le pécheur, le marginal, celui qui est perdu dans la nuit noire du doute.

Son sourire illumine le chemin de la miséricorde. Il nous rappelle que l'Église n'est pas un palais, mais *un hôpital de campagne* où les blessures de l'âme sont soignées avec le baume de l'amour.

Il est le berger du vent du Sud, celui qui nous invite à sortir de nous-même, à franchir les frontières de l'égoïsme, à construire des ponts de dialogue et de fraternité. Sa voix forte résonne dans l'immensité, elle nous appelle à être des artisans de paix, des semeurs d'espérance, des témoins de la joie de l'Évangile.

Et il continue, le berger du vent du Sud, avec la légèreté d'un pèlerin et la force d'un prophète, à nous guider vers un horizon de justice et de compassion.

Je suis une rivière

Je suis une rivière qui jalonne à travers les plaines.
Mon cours est sinueux, mon essence inépuisable.
Mon eau est vive, ardente. Elle n'a pas d'âge.
Les rochers sont mes défis, mes épreuves, ils m'obligent à changer, à m'adapter. Ils se dressent devant moi, mais je poursuis mon cours, indomptable et joyeuse.
Je les contourne, je me glisse, je me fracasse, mais jamais je ne cède, jamais je ne recule.
Je chante, je murmure, je gronde souvent.
Je suis une force de la nature.
Je suis la vie dans toute sa splendeur.

Alors, quand parfois vous vous sentez défaillant, désemparés, quand les difficultés se montrent insurmontables, pensez à moi, la rivière tumultueuse, reprenez votre souffle et avancez, avancez encore...

Mon désert, ma rose bleue

Tu es l'étendue silencieuse où s'estompent les bruits du monde, l'espace infini où mon âme se perd et se retrouve. Dans ton immensité aride, je cherche l'oasis, le mirage qui vibre à l'horizon. Tu es la solitude choisie, la page blanche où s'écrivent mes pensées les plus intimes, le souffle du vent qui emporte mes doutes et mes peurs.

Et pourtant, au cœur de cette immensité, tu es aussi ma rose bleue. Non pas la fleur éclose au jardin, mais la promesse irréelle, la beauté inatteignable qui défie la logique. Tu es la couleur de l'impossible, l'éclat rare qui jaillit de la pierre. Dans ton bleu profond, je lis le mystère, le secret dispersé par le sable dans les dunes. Tu es l'espoir ténu qui me pousse à avancer, le rêve fou qui me fait croire en la magie.

Mon désert, ma rose bleue, vous êtes indissociables. L'un est le cadre, l'autre, la lumière. L'un est la quête, l'autre, la récompense. Vous êtes l'essence même de ma poésie, le paradoxe qui nourrit mon être. Je vous contemple, je vous respire, et dans votre union improbable, je trouve la renaissance...

Une valse cosmique

premier temps

Suspendue entre ciel et terre, je suis une île flottante dans un océan d'incertitudes. Qui suis-je, au-delà des rôles que je joue, des masques que je porte ? Rien qu'un assemblage de pensées, une poudre de chair dans le destin de l'univers ?

Je cherche des réponses dans les oracles, dans les profondeurs de mon esprit, les paroles de la foi. Le sens de la vie est-il gravé dans les galaxies ou bien ne découle-t-il que d'un concours de circonstances ?

En arrière-plan de cette scène, la mort jette sur moi une ombre menaçante, inéluctable, qui me rappelle constamment notre finitude.

Mais si tout doit finir, tout doit peut-être aussi recommencer ?

DEUXIÈME TEMPS

Nous sommes des funambules en équilibre précaire entre le passé et le futur. À chaque pas, le néant tambourine à nos oreilles. Il nous appelle de sa voix fatidique et déverse devant nous une pluie de questions sans réponses.

Nous nous dressons, frêles silhouettes, face à cette immensité inconnue. Nos yeux cherchent partout un signe dans ce vide sidéral, un message d'alerte dans cette obscurité insondable.

Nous nous dressons, nous résistons aux tempêtes, à l'incertitude, aux catastrophes, toujours en quête d'une ère nouvelle.

Et même si nous ne sommes qu'une étincelle chancelante dans cette nuit cosmique, notre présence, aussi infime soit-elle, est une affirmation de la vie, un défi lancé au néant.

TROISIÈME TEMPS

De la naissance à la mort, nous partageons un voyage initiatique, un kaléidoscope de sensations, d'émotions, de déchirements. Nous sommes à la fois spectateurs et acteurs de notre propre drame.

Nous portons en nous l'empreinte du temps universel, le combat des étoiles. Nous sommes liés les uns aux autres par un cordon invisible, une communauté de destins entrelacés.

D'où venons-nous ? Où allons-nous ? Quel est le sens de cette intrigue ?

Sans même le savoir, nous continuons d'avancer, emportés à jamais dans une valse cosmique, vers les horizons fabuleux de nos désirs, et à travers tout l'espace, nos voix résonnent comme un tambour de guerre, un hymne à la persévérance, une complainte éternelle...

HORIZONS
FABULEUX

3

Une simple image

Elle était là, vêtue d'une robe blanche et d'un chapeau de la même couleur, ancrée au bord de l'océan, du monde liquide et atlantique qui lui offrait un écrin de calme, une invitation à la contemplation.

L'air emportait au loin le souffle salé des vagues et son parfum semblable à celui des lys blancs. Une tendre solitude semblait l'envelopper, face à cette étendue sans limites qui avalait l'horizon.

Son regard s'étirait vers le large, aimanté par les silhouettes lointaines des navires. Ces points mouvants sur la ligne d'azur formaient des promesses de voyage, des échos d'aventures inconnues, et ils entraient en collision avec sa propre immobilité sur le rivage.

L'après-midi se drapait d'une chaleur persistante, magnifiée par les teintes orangées du ciel. Cette lumière particulière baignait la scène d'une atmosphère mélancolique, comme une seconde rêvée suspendue dans le temps.

Que tissaient ses pensées tandis que ses yeux suivaient la course des bateaux ? Une attente vibrait-elle en elle, l'espoir d'un retour, d'une rencontre ?

Aspirait-elle à prendre le large, à goûter l'ivresse de l'aventure, ou bien était-ce simplement la beauté d'une simple image parmi tant d'autres, qui l'imprégnait tout entière et suffisait, temporairement, à son bonheur ?

« Qui suis-je ? »

Dans le silence infini de l'univers, une poussière d'étoile s'éveille à la conscience. Elle se demande :

« Qui suis-je ? Pourquoi suis-je là ? »

Les nébuleuses lui murmurent des réponses voilées :

« Tu es l'écho d'un Big Bang, une danse de particules, un fragment de l'infini. »

Mais la poussière d'étoile cherche au-delà des équations cosmiques. Elle interroge les comètes, les planètes, les soleils :

« Quel est le sens de cette existence éphémère ? »

Les astres lui offrent des bribes de vérité :

« Le sens est dans le mouvement, dans la transformation, dans l'émerveillement de chaque instant. »

Alors, la poussière d'étoile se tourne vers le vide intersidéral, là où les questions persistent. Elle comprend que l'existence n'est pas une réponse, mais une quête. Chaque atome est un univers en soi, chaque instant une éclosion de possibles. Peu importe d'où elle vient ou où elle va. L'important est qu'elle brille, qu'elle vibre, qu'elle se relie à l'harmonie du cosmos.

Et dans ce ballet de lumière et de ténèbres, la poussière d'étoile trouve sa propre réponse : exister, c'est aimer, créer, se souvenir.

C'est laisser une marque dans le grand livre de de la création, un frisson qui résonne à travers l'éternité.

La légende des hommes en bleu

Au cœur du désert du Sahara, là où le soleil domine sans cesse et où les dunes s'étendent jusqu'à l'horizon invisible, vivait une tribu d'hommes vêtus de bleu. Leurs tenues, aussi éclatantes que le ciel de l'aube, contrastaient avec le paysage aride et désolé.

Les hommes en bleu étaient connus pour leur sagesse et leur gentillesse, et leur présence apportait la paix et l'harmonie dans le désert.

Gardiens de la nature, ils protégeaient les sources d'eau et les animaux, et partageaient leurs connaissances avec les voyageurs qui s'aventuraient dans les sables brûlants.

Un jour, une tempête de sable balaya le désert, masquant le soleil et plongeant la terre dans l'obscurité. Les hommes en bleu, avec leurs costumes éclatants, devinrent les guides des perdus, les conduisant à travers les ténèbres avec leurs voix douces et leurs gestes délicats.

Lorsque la tempête est enfin passée, le désert s'est couvert de lys, de roses blanches et de camélias, et les hommes en bleu, dont les costumes étaient désormais tachetés de sable, ont disparu, en laissant derrière eux une légende parfumée de bonté et d'espoir.

Une femme à son balcon

La lumière du crépuscule filtrait à travers les feuilles des roses trémières, qui grimpaient à travers le balcon et projetaient des ombres dansantes sur son visage. Sa silhouette, encadrée par l'embrasure de la porte-fenêtre d'un vert amande, semblait appartenir à la mélancolie d'un tableau ancien, à des scènes de la vie qui n'existent plus. Ses yeux, d'une couleur indéfinissable, scrutaient l'horizon avec une curiosité rêveuse, comme si elle déchiffrait des secrets invisibles dans le ballet des nuages.

Le vent complice soulevait quelques mèches de ses cheveux, les transformant en une auréole fugitive. Ses mains fines, posées sur le rebord, racontaient des histoires de patience et de solitude choisie. On aurait dit que le temps s'était arrêté pour elle ou qu'elle seule avait le pouvoir de le suspendre, de l'étirer à l'infini dans ce petit sanctuaire de verre et de bois.

Dans chacune de ses inspirations, elle respirait le parfum de la terre humide, des premières heures du printemps.

Elle n'attendait personne, ne cherchait rien. Elle était simplement là, présence évanescente et pourtant si réelle, observatrice du monde sans en faire tout à fait partie. La fenêtre verte, comme un cadre magique, encerclait son mystère, offrant un aperçu de son âme, un jardin secret où ses pensées s'épanouissaient en silence et se fondaient lentement dans l'étreinte veloutée de la nuit.

Osaka

Il le sait, le monde de l'absolu n'est qu'un mirage, rien d'humain n'est vraiment grand ou éternel… Et lui, le poète, il se remet à y penser, au cœur de la nuit d'Osaka.

La porte-fenêtre de sa chambre est grande ouverte et laisse pénétrer dans la pièce une brise lunaire.

Il continue de faire les cent pas de long en large, autour de son lit défait, refusant d'être à nouveau piégé par les mots et les images qui le happent, sans le satisfaire d'ailleurs.

Il finit par s'approcher de la porte-fenêtre, caresse en tremblant la lisière bleu émeraude de la barre d'appui qui l'attire depuis si longtemps, et qui l'appelle à présent d'une voix ensorcelante : « Viens, moi seule sera enfin ta délivrance ! »

Le poète, inspiré comme jamais, prend alors une dernière bouffée d'air au septième étage de cet hôtel d'Osaka, et il crie dans la profondeur de l'obscurité :

« Rien dans ce monde n'est absolu… Toute chose est illusoire, rien ne peut être grand… »

Il déploie ensuite ses ailes d'or et d'argent, prend son élan de liberté et s'envole à la recherche du rêve métamorphosé d'Icare…

Antonia et le trésor de Ribeira da Fraga

Il était une fois, dans un village situé au creux d'une vallée verdoyante, une jeune fille nommée Antonia.

Avec ses cheveux en bataille et ses yeux vert olive, Antonia était connue pour son esprit aventureux et sa curiosité insatiable. Elle passait son temps libre à explorer les alentours du village, à la recherche de trésors et d'histoires oubliées.

Un jour, alors qu'elle se promenait le long de la *Ribeira da Fraga*, une petite rivière audacieuse, elle découvrit par hasard un petit sentier dissimulé derrière un rideau de lierre. Intriguée, elle s'approcha et remarqua aussitôt une pierre gravée de symboles.

Antonia, qui avait toujours été fascinée par les légendes locales, les reconnut sur-le-champ. Ils appartenaient à une histoire millénaire qui parlait d'un trésor enterré par les Maures, lors de leur retraite.

Le cœur battant, elle commença à explorer les environs du sentier en quête de celui-ci, et finit par découvrir un trou qui était bouché par une pierre. Elle la dégagea avec précaution, et à l'intérieur, elle trouva un coffre en bois, recouvert de toiles d'araignées. Qu'elle ne fut pas sa surprise quand elle l'ouvrit ! Il contenait un trésor qui lui sembla d'une valeur inestimable : des pièces d'or, des bijoux étincelants et des objets anciens.

Antonia, qui avait toujours été une fille honnête et généreuse, décida de partager sa découverte avec les habitants du village. Ensemble, ils utilisèrent ce butin pour construire une nouvelle école, restaurer l'église et aider les plus démunis.

La légende du trésor de la *Ribeira da Fraga* se répandit dans toute la région, et même au-delà. Antonia devint rapidement une figure héroïque. Son histoire se transmit de génération en génération, rappelant à tous que l'esprit d'aventure, la curiosité et la générosité, allaient décidément bien ensemble.

Le dernier grain de sable

Dans un désert infini, où le soleil cinglait la peau et où le vent sifflait des mélodies de sable, vivait un vieux chameau nommé Azir. Ses yeux, autrefois brillants comme les étoiles du désert, étaient maintenant troubles et opaques. Sa bosse, autrefois ronde et pleine, était désormais affaissée, témoignant des nombreuses traversées qu'il avait accomplies.

Azir se souvenait des jours glorieux où il traversait les dunes avec une caravane chargée d'épices et de soieries. Il se souvenait des oasis luxuriantes où il pouvait boire à satiété et se reposer à l'ombre des palmiers. Mais tout cela semblait bien loin maintenant.

Un jour, alors qu'il errait sans but dans le désert, Azir tomba sur un vieux sablier. Il le ramassa délicatement, le retourna entre ses pattes et le regarda avec curiosité. Le sable, grain par grain, glissait d'une ampoule à l'autre, comme un compte à rebours silencieux.

Azir fixa longuement ce ballet incessant et il y découvrit une métaphore de sa propre vie. Tout comme le sable qui s'écoulait inexorablement, le temps passait et sa force l'abandonnait peu à peu.

Il sentit alors une profonde mélancolie l'envahir...

Mais tandis qu'il contemplait le sablier, il entendit une voix douce et mélodieuse à côté de lui. C'était celle d'une jeune gazelle qui s'était rapprochée. Elle avait des yeux aussi noirs que la nuit et une fourrure soyeuse comme le sable du désert.

Elle lui demanda :

« Pourquoi es-tu si triste, mon vieux chameau ? »

Azir lui raconta son histoire, ses souvenirs et ses regrets. La gazelle l'écouta patiemment, puis lui dit :

« Le temps qui passe est comme le sable dans ce sablier. Il emporte tout sur son passage, mais il laisse aussi de beaux souvenirs. Et même si ton corps vieillit, ton esprit restera toujours jeune, si tu le décides. »

Les paroles de la gazelle réchauffèrent le cœur d'Azir. Il réalisa que même si la fin de sa vie approchait, il avait vécu une existence riche et pleine de sens, et qu'elle le resterait, par la seule force de sa volonté, jusqu'au dernier grain de sable.

Les songes de Rafael

Dans le silence de la nuit, Rafael, l'artiste aux doigts d'or, s'abandonnait aux méandres de ses songes. Son esprit aventureux esquissait des paysages oniriques où les couleurs se mélangeaient sans mesure.

Il se voyait errer dans des jardins suspendus, là où les fleurs semblaient immortelles et frôlaient ses joues de leur fraîcheur soyeuse. Des fontaines chantaient des mélodies anciennes, leurs eaux cristallines reflétant les étoiles qui trônaient dans un ciel d'encre.

Parfois, ses songes le transportaient dans des cités antiques, où les colonnes de marbre se dressaient fièrement vers le ciel, leurs chapiteaux ornés de sculptures énigmatiques. Il entendait les échos des voix lointaines, les rires cristallins des nymphes et les chants mélancoliques des poètes.

D'autres fois, il se retrouvait face à des créatures fantastiques, des chimères aux ailes déployées, des licornes à la crinière argentée, des griffons aux yeux de braise. Il les observait avec émerveillement, capturant leurs moindres détails dans les replis de sa mémoire.

Les songes de Rafael étaient un monde parallèle, un univers où la réalité se mêlait à l'imaginaire, où les frontières entre le tangible et l'intangible s'estompaient. Il y puisait son inspiration, y trouvant les couleurs et les formes qui donneraient vie à ses chefs-d'œuvre.

Au matin, lorsqu'il ouvrait les yeux, un sourire illuminait son visage. Les songes de la nuit avaient nourri son âme d'artiste, lui offrant un trésor d'images et d'émotions qu'il s'empressait de faire revivre sur ses toiles, et qui l'enchantait à nouveau.

La valse dorée de la mélancolie

La valse dorée de la mélancolie est une danse à la fois douce et amère, un tourbillon de souvenirs et d'émotions qui se mêlent et s'entremêlent. C'est une danse qui se déroule dans les profondeurs de l'âme, là où les sentiments les plus intimes se révèlent.

Imaginez maintenant une salle de bal immense, éclairée par des lustres scintillants. Les murs sont ornés de miroirs qui reflètent à l'infini les couples qui valsent. Les robes des femmes sont de couleurs chatoyantes, les costumes des hommes sont élégants. Mais derrière cette apparence de gaieté, une tristesse mélancolique s'insinue dans les cœurs.

La musique de la valse est lente et lymphatique. Les violons soupirent avec les pianos. Chaque note est une émotion, chaque accord est un souvenir. Les danseurs se laissent emporter par la musique, ils tourbillonnent sur la piste de danse, leurs corps se frôlent, leurs regards se croisent. Mais leurs pensées sont ailleurs, dans le passé, dans les regrets, dans les espoirs déçus.

La valse dorée de la mélancolie, c'est une danse qui parle de l'amour perdu, des rêves brisés, des occasions manquées. C'est une danse qui exprime la nostalgie du temps qui passe, la tristesse de la solitude, le poids du remords.

Mais c'est aussi une danse qui célèbre la beauté de la vie, la richesse des émotions, la force de l'âme humaine, toujours prête à se réveiller au moindre gémissement du cœur.

Il s'en est allé

Le passage du vent aux quatre coins du monde, c'est sa voix lointaine. Le parfum de la terre au cœur des saisons, c'est son empreinte persistante.

Il s'en est allé, non pas dans un fracas de tonnerre, mais dans une symphonie universelle.

On le cherche parfois au détour d'une pensée, dans la mélancolie d'un crépuscule. On croit l'apercevoir dans les branches d'un arbre centenaire, ou sentir sa main sur notre épaule dans l'extase d'une prière...

Mais il s'en est allé, laissant derrière lui des parcelles de soleil au fond des abysses, des éclats de lune dans le silence des nuits étoilées, des graines dans le jardin de l'espérance.

Hypatia

Dans l'enceinte vibrante d'Alexandrie, une femme rayonnait, Hypatia. Fille de Théon, héritière de la sagesse antique, elle illuminait les esprits de sa vivacité intellectuelle et terrassait l'ignorance.

Ses mains, agiles et savantes, traçaient des figures géométriques sur le sable, dévoilant les secrets des astres et des mathématiques. Sa voix, mélodieuse et assurée, résonnait dans les salles de la bibliothèque, où les esprits curieux se rassemblaient pour s'abreuver de sa connaissance.

Hypatia, la philosophe, l'astronome, la mathématicienne, la femme qui défia les conventions de son époque. Son esprit, toujours en éveil, explorait les confins du savoir, sans craindre les critiques ni les menaces qu'elle recevait.

Mais le fanatisme mit brutalement un terme à son éclat. Une foule en colère, aveuglée par l'intolérance, la traîna dans les rues d'Alexandrie, lui arrachant la vie qu'elle chérissait tant.

Hypatia, martyre de la science, qui paya de ta vie le prix de la liberté, sache que ta voix ne s'est pas éteinte, que ta pensée ne s'est pas tarie.

Le bonhomme de neige qui voulait voir la mer

Il était une fois, au cœur d'un hiver rigoureux, un bonhomme de neige bien triste. Il avait entendu parler de la mer, de ses vagues écumantes, de son sable chaud et du soleil qui dansait sur l'eau.

Un soir de pleine lune, alors que les étoiles scintillaient dans le ciel noir, le bonhomme de neige prit une grande décision. Il traversa des forêts enneigées, escalada des montagnes givrées et traversa des champs gelés. Le froid ne l'effrayait pas, car son cœur était rempli d'espoir.

Après de longues semaines de marche, il arriva enfin sur le bords de mer. Le spectacle qui s'offrait à lui était à couper le souffle. Les vagues s'écrasaient avec force sur les rochers, créant une symphonie envoûtante. Le bonhomme de neige s'approcha timidement de l'eau, caressant du bout de son bras l'écume fraîche, émerveillé.

Mais le soleil qui s'élevait dans le ciel, commença à le faire fondre, le transformant peu à peu en une flaque d'eau salée, qui se mélangeait à l'océan. Mais au lieu de s'attrister, il sourit. Il avait réalisé son rêve, il avait vu la mer. Et même s'il perdait son enveloppe première, il resterait à jamais liée à cette immensité, comme un atome à l'univers.

Le bleu de l'absence

Il y avait un peintre nommé Léon, réputé pour ses paysages vibrants et ses portraits saisissants. Mais depuis que son amour, Élodie, était morte, ses toiles ne montraient plus que des nuances de couleurs sombres. Il ne parvenait plus à saisir la lumière, à capturer la joie.

Un jour, alors qu'il errait sur la plage où ils avaient l'habitude de se promener, il découvrit un petit caillou bleu, d'une teinte si pure et profonde qu'elle le laissa sans voix. Il le ramassa et le reporta dans son atelier.

En le contemplant, il se souvint des yeux d'Élodie, de ce bleu incomparable qui reflétait à la fois la sérénité et la passion. Il pensa alors à l'océan. C'était la seule comparaison possible, la plus sensible pour lui.

Léon recommença bientôt à peindre. Il ne représentait plus de paysages ni de portraits. Il peignait le bleu de l'absence, un bleu qui était à la fois doux et amer, calme et tourmenté. Il peignait l'océan, les yeux d'Élodie, et les ombres qu'elle projetait sur son cœur.

Ses toiles se différencièrent de tout ce qu'il avait créé auparavant. Elles étaient plus abstraites, plus intenses, plus personnelles, et touchaient ceux qui les regardaient au plus profond d'eux-mêmes. Car le bleu de l'absence, est une couleur que chacun porte en soi, une couleur qui nous rappelle ce qui nous manque, ce qui nous a été retiré.

Léon avait trouvé sa nouvelle palette, une palette qui lui permettait d'exprimer ce qu'il ne pouvait dire avec des mots. Et même si l'absence d'Élodie le hantait toujours, il avait trouvé une façon de vivre avec, de la faire renaître au grand jour.

Ainsi naissent les livres...

Un tremblement nouveau pénètre l'atmosphère, traverse le ciel et vient renverser le silence.

Des profondeurs de l'espace, une pensée se fait jour, se dessine lentement. L'impatience la traverse, le désir la transporte et une force têtue la soulève.

Elle cherche la caresse du soleil...

Quand elle parvient enfin à briser la cuirasse familière du réel, avec la persévérance d'une histoire en mouvement, elle apparaît au grand jour sous la forme d'un mot, d'un livre, d'un univers.

Biographie

Née au nord du Portugal, dans la région du Tras-Os-Montes, qui servit de cadre à son premier roman, Alice Machado vit en France depuis plusieurs années.

Elle a poursuivi des études de Lettres Modernes et de philosophie à l'Université de Paris VIII, notamment avec Gilles Deleuze.

Fille des deux pays, comme elle se définit elle-même, Alice Machado écrit directement en français, mais elle prend une part active dans la traduction de ses ouvrages en portugais.

En tant qu'écrivain, elle a représenté la diaspora portugaise d'Europe, lors d'un événement culturel majeur, « Les Ponts Lusophones », présidé par le ministère des Affaires Étrangères portugais, qui s'est tenu au Mozambique, dans la capitale Maputo, avec la présence de José Saramago, prix Nobel de Littérature.

Elle a fait également partie de la délégation des écrivains portugais, invités d'honneur de la vingtième édition du Salon du livre de Paris et participe, tout au long de l'année, à de nombreux salons, notamment en Europe, à Genève, Berlin, Bruxelles, ou en France, à Bordeaux, Toulon, Dijon, Metz, Montaigü, Lyon, Montpellier, Marseille, Rennes, Saint-Étienne, Aix en Provence, Nantes, mais aussi à l'étranger, au Brésil, dans les villes de Permanbuco, Olinda, Saõ Paulo, en Angola, au Cap Vert...

Elle est la première femme à avoir reçu la médaille d'honneur du Parlement portugais en reconnaissance de son travail de création littéraire, et l'un de ses poèmes « *Les géants ne meurent pas* » figure dans l'Anthologie Parlementaire de poésies françaises, publiée par l'Assemblée Nationale.

L'auteur est invitée régulièrement à des rencontres poétiques, organisées notamment par l'*Institut Suédois*, l'*Institut Néerlandais*, la *Maison de l'Amérique Latine*, l'*Institut Roumain*, l'*Institut Goethe*, la *Mairie de Paris* pour des événements poétiques et littéraires ou la *Fondation Calouste Gulbenkian*.

C'est ainsi qu'elle s'est retrouvée conviée aux « Estivales de Poésies », et au Festival par « Monts et par Mots », organisés par la *Villa Mont-Noir*, Maison de Marguerite Yourcenar et le Conseil Général du Nord, avec entre autres François Cheng et Jacques Darras.

Elle a fait partie de la délégation officielle qui représentait le Portugal, à l'invitation de la ville de Bruges, capitale européenne de la culture, dans le cadre du *Festival International de poésie et de littérature.*

À Lille, Capitale européenne de la culture, elle était également dans la délégation officielle invitée par la ville pour le *Festival International de poésie.*

À Paris, elle a participé à un Colloque organisé par le Sénat : « *Le printemps de la diversité en France, premiers états généraux de la diversité* », placé sous le Haut patronage du Ministère de la Culture et de la Communication.

En mars 2018, au Portugal, elle a été invitée à un colloque sur le thème de *la culture comme lien social et de découverte de l'autre*, qui l'a conduit dans différents pays lusophones pour des rencontres et des échanges multiculturels.

En novembre 2018, à Strasbourg, à l'invitation du Conseil de l'Europe, elle a participé au *Forum mondial de la démocratie*, comme représentante du Portugal.

À Póvoa de Varzim, en 2022, elle a participé aux « *Correntes Poéticas* », qui ont rassemblé des écrivains, des poètes, des acteurs, venus du monde entier pour échanger, débattre, autour de questions sur la culture et le monde d'aujourd'hui.

En 2024, la ville de Chaves au Portugal, à l'initiative de son maire, a organisé une rencontre littéraire autour de ses livres, en présence de nombreuses personnalités porto-galiciennes, dont le député européen Paulo Pisco.

En avril 2025, à Vidago, en présence du maire, elle a présenté ses livres au cours d'une après-midi de rencontres culturelles.

Par ailleurs, avec le soutien du Ministère de l'Éducation, elle est contactée régulièrement pour des lectures à la Sorbonne et à la Bibliothèque nationale de France (BNF).

En partenariat avec le Consulat général de France à Porto, elle assure également des cours de français et de civilisation, au sein de l'Alliance française.

DU MÊME AUTEUR

- Éditions Lanore

— **Romans**

La couleur de l'absence, Paris.
La vallée des héros, 2e édition, Paris, 2006.
Médaille d'Honneur du Parlement Portugais.
- Ces deux romans ont été publiés en portugais chez Europa-América.

Les silences de Porto Santo, Paris.
(Élu par le magazine ELLE)

— **Poésies**

Éclats, 3e édition, Paris, 2000/2002/2009.
L'agitation des rêves, 2e édition, Paris, 2002/2011.
- Ces recueils de poésie ont été publiés en portugais chez Campo das Letras, 2016.
- 2e édition chez Calendario de Letras, Porto, 2016, 2019.

Les songes de Rafael, Paris, 2012.
- Traduit en italien par les Éditions Polymata, Rome, 2012.

- Traduit en portugais par les Éditions Omega, 2014.

Un héros vivant sous le regard des Dieux, Paris, 2017.

Regards voilés / Sguardi velati, collection « Les poètes intuitistes / I poeti intuitisti », Edizioni Universitarie Romane, Rome, 2019. (Édition bilingue)

— **Essais**

Figures féminines dans le Voyage en Orient de Gérard de Nerval, Paris, 2007.
Charles Baudelaire, entre Aube et Crépuscule, Paris, 2011.

Introduction à la nouvelle édition de *La Relique*, d'Eça de Queiroz, Paris.

- La Toile du Temps

À l'ombre des montagnes oubliées, Paris, 2020.
Et l'amour a tout emporté..., Paris, 2021.
La nostalgie des Dieux, Paris, 2022. Publié en italien par L'Harmattan et Edizioni Universitarie Romane, Rome, 2022. (Édition bilingue)

— **Jeunesse**

- Didier Jeunesse, ouvrage collectif

Traduction et interprétation des *Comptines et chansons du Papagaio*, Paris, 2003.

— Anthologies

- Éditions Hermann Lettres

Anthologie de la poésie érotique française, du moyen âge à nos jours, 2010.

- Alain Baudry et Cie, Paris, 2014.

Les trains rêvent au fond des gares.

- Éditions Unicité

Éloge et défense de la langue française, Paris, 2016.
L'homme aux ailes bleues, Paris, 2022.
Quel temps ! Sous la direction de Matthias Vincenot, Paris, 2023.

- Portugal Mag

Anthologie de la poésie lusophone, Lisboa, 2018/2019 /2020/2021.

Assemblée Nationale

Anthologie Parlementaire de Poésies, Assemblée Nationale, Paris, 1999.

Les Ponts Lusophones

Anthologie : les Ponts Lusophones, Maputo, Mozambique, 2000.

Suisse

Anthologie du salon du livre de Genève, 2000.

(Le Portugal invité d'honneur.)

Lille

Lille, Capitale européenne de la Culture, *Anthologie de poésies*, 2004.

Belgique

Bruges, Capitale européenne de la Culture, *Anthologie de poésies*, 2002.
Poètes d'Orfée, florilège de poésie, Bruxelles, 2011.

- Éditions Chiado
Entre o sono e o sonho, Lisboa, 2019.
Três quartos de um amor, Lisboa, 2020.
Almar de mar, Lisboa, Lisboa, 2022.
A Minha mãe, tome 1, Lisboa, 2024.
A Minha mãe, tome 2, Lisboa, 2025.

- Éditions Les écrits du Nord, Éditions Henry
Quelque part, le feu, sous la direction de Claudine Bertrand, 2023.

- Éditions Idem
Frontières ad libitum, sous la direction de Suzanne Dracius, 2023.

TABLE DES MATIÈRES

PROLOGUE 7

1. HORIZONS PHILOSOPHIQUES 9
Les piliers invisibles 11
Où est passé le temps ?...13
L'amour quantique 15
La transcendance 17
Le doute 19
Sourire à la vie 21
La question du sublime 23
L'infini...25
La prose et la réalité 27
Éloge des plis 29
Les heures éphémères 31
Un voyageur silencieux..33
Une quête universelle aux multiples visages 35
Savoir ralentir 39
L'Essence de la vie 41

Métaphysique
- 1 - du désir 43
- 2 - de l'amour..45
- 3 - de la mort 47
- 4 - de l'absence.......................................49

La mer..51
Vivre dans l'obscurité......................................53
En perpétuel mouvement 55
Un peu plus loin 57

2. HORIZONS POÉTIQUES 59
Un cri de liberté...61
Les nuances de mes jours...............................63
La naissance du Nil 65
Muse céleste 67
Mon frère, mon bel oranger 69
Des matins comme ça 71
Le cordon 73
Ta voix vibre encore ! 75
Les maisons de famille que nous laissons derrière nous 77
À la dérive...79
Je me souviens..81
La musique de Chopin.....................................83
L'étoile...85
L'harmonie 87

Seule, désormais... 89
Ah, les œillets rouges de la liberté ! 91
Juan 93
La Mer de Marmara 95
Un oasis au cœur de la terre 97
Dans les yeux de mon père 99
Le berger du vent du Sud..101
Je suis une rivière 103
Mon désert, ma rose bleue......................................105
Une valse cosmique...107
  Premier temps..107
  Deuxième temps..109
  Troisième temps..111

3. HORIZONS FABULEUX.....................................113
Une simple image 115
« Qui suis-je ? » 117
La légende des hommes en bleu 129
Une femme à son balcon 121
Osaka..123
Antonia et le trésor de Ribeira da Fraga................125
Le dernier grain de sable 127
Les songes de Rafael 129
La valse dorée de la mélancolie 131
Il s'en est allé...133
Hypatia 135

Le bonhomme de neige qui voulait voir la mer 137
Le bleu de l'absence..139
Ainsi naissent les livres...141
Biographie..143
Du même auteur...147